为什么要
读书？

未来のきみを変える読書術

[日] 苫野一德 / 著

张文祎 / 译

贵州出版集团
贵州人民出版社

MIRAINOKIMIOKAERU DOKUSHOJUTSU by Ittoku Tomano
Illustrated by Natsuko Suyama
Copyright © Ittoku Tomano, 2021
Original Japanese edition published by Chikumashobo Ltd.
This Simplified Chinese edition published by arrangement with Chikumashobo Ltd., Tokyo, through Tuttle-Mori Agency, Inc.
Simplified Chinese translation copyright © 2024 by United Sky (Beijing) New Media Co., Ltd.
All rights reserved.

著作权合同登记号 图字：22-2024-016 号

图书在版编目（CIP）数据

为什么要读书？ / （日）苫野一德著；张文祎译 . — 贵阳：贵州人民出版社，2024.5
（Q 文库）
ISBN 978-7-221-18358-3

Ⅰ.①为… Ⅱ.①苫… ②张… Ⅲ.①读书方法 - 青少年读物 Ⅳ.① G792-49

中国国家版本馆 CIP 数据核字 (2024) 第 100815 号

WEISHENME YAO DUSHU？
为什么要读书？
[日] 苫野一德 / 著
张文祎 / 译

选题策划	轻读文库	出 版 人	朱文迅
责任编辑	张 娜	特约编辑	邵嘉瑜

出 版	贵州出版集团 贵州人民出版社
地 址	贵州省贵阳市观山湖区会展东路 SOHO 办公区 A 座
发 行	轻读文化传媒（北京）有限公司
印 刷	北京雅图新世纪印刷科技有限公司
版 次	2024 年 5 月第 1 版
印 次	2024 年 5 月第 1 次印刷
开 本	730 毫米 × 940 毫米 1/32
印 张	2.625
字 数	51 千字
书 号	ISBN 978-7-221-18358-3
定 价	25.00 元

关注轻读

客服咨询

本书若有质量问题，请与本公司图书销售中心联系调换
电话：18610001468
未经许可，不得以任何方式复制或抄袭本书部分或全部内容
© 版权所有，侵权必究

目录

前言   1

第 1 章   读书的用途   5
蜘蛛网上的电流流动   7
作为工具的知识   10
"我终于知道要怎么学习了"(？)   11
突破边界   15
读书也是一种"经验"   19
积累语言，相互沟通   23
上网不能代替读书吗？   26
掌握结构   31
以公民身份阅读   33

第 2 章   读书的方法   37
从"撒网捕鱼法"到"一本钓捕鱼法"   39
尝试举办读书会   42
寻求"图书老师"的帮助   43

知识像滚雪球一样增长	46
速读的问题	48
与文学相遇	49
让阅读变成一种习惯	51
"信念强化型阅读"与"信念验证型阅读"	53
欲望—兴趣相关性原理	56
第3章 做读书笔记的方法	**61**
根据整本书的内容做读书笔记	63
读完整本书后再做读书笔记	65
灵活使用电子书和阅读器	72
后记	75

前言

阅读会让我们变成"谷歌地图"。

在大学授课时,我经常对学生们说这句话。

特别是在年轻的时候,你不知道自己到底是怎样的人,能成为怎样的人,想要如何生活。也就是说,你在高楼大厦之中迷失了方向,处于混沌迷茫的状态。

当然,不借助地图、漫无目的的旅行是非常愉快的,这甚至是年轻人的特权。

但是,如果持续这样下去,总有一天会感到疲惫。

此时要认识到一直以来的问题,先开始大量积累阅读经验吧。我会这样告诫大学生。

这样一来,某一天你就会突然变成"谷歌地图",你能够从正上方俯瞰摩天大楼,看到错综复杂的"迷宫"全貌。并且,你会饶有趣味地看到自己要走哪条路,怎么走才能到达你所期待的目的地,就像从人造卫星上俯瞰地球的谷歌地图一样。

另外也有这样的说法。

同样是X光片,我们看到的和医生看到的完全不同。一旦积累大量的阅读经验,我们对世界的看法也会大不相同。

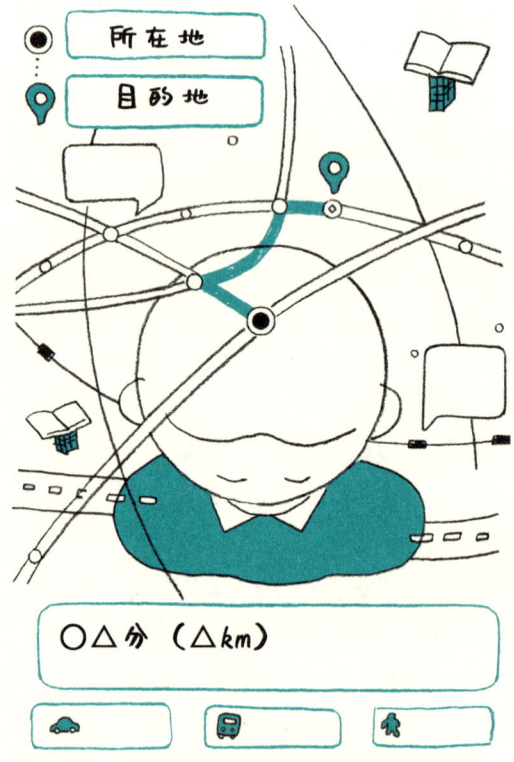

让自己成为"谷歌地图"

这就是"积累修养"。

日语中的"修养"一词，可能会给人一种在实际生活中没有多大用处，但了解过后又觉得很酷的印象。

但是，在哲学——深入思考、洞察事物"本质"的学问——的世界里，很多时候这个词的意思是"让我们能够更加自由地生活的智慧和知识"。

德语"Bildung"一词通常被译为"修养"，但这个词还包含让人更加自由、带来精神和人格层面的成长，以及希望社会变得更加自由和幸福的意思。

在本书中，我将介绍如何通过阅读改变我们看待世界的方式，以及如何变成"谷歌地图"。虽然这是我经常对大学生谈及的内容，但拿起这本书的各位，无论是初中生还是高中生（也可能是小学生），我想一定会有兴趣阅读，并且会大有收获的。

"老师，最近我开始变成'谷歌地图'了！"
每年都会有几个大学生这样对我说。
我非常期待在年轻读者中也能听到这样的声音。

第1章

读书的用途

蜘蛛网上的电流流动

开篇我想先谈一谈读书的用途，也就是读书有哪些益处。

除了谷歌地图和X光片的比喻，我也经常会用到"蜘蛛网上的电流流动"这种比喻。

蜘蛛网上的电流流动？

也许你从没听过这种说法。"蜘蛛网上的电流流动"就是在大脑中铺设"修养的网"，也就是让蜘蛛网状的"知识网络"延展开来，同时让"灵光一闪"的电流不断在网上流动。

我们的人生是充满考验的：人际关系出现问题、财务危机、失恋、成绩停滞不前、陷入抑郁、亲友去世……

即便处于苦恼之中，如果能够让"修养"在我们的大脑中像蜘蛛网一样延展，某个瞬间忽然迸发出一股电流，所有的智慧、知识、思考都凝聚在一起，就能够找到人生难题的最优解。

原来如此！当下这样解决问题就可以了，这样行动就可以了！答案就这样闪现了。

"无论遇到什么样的障碍，我都能够克服。"

如果拥有"修养的蜘蛛网"，我们一定能够获得这样的自信。

"修养的蜘蛛网"其实不仅适用于人生的苦难。

像我这样的学者,每天都在与必须解决的迫切问题做斗争。

比方说,我作为哲学家会以"什么是好的教育?怎样才能实现?""什么是好的社会?怎样才能实现?"等问题为核心,长久以来致力于"什么是自由?""什么是幸福?""什么是爱?"这类课题。

这些确实是很复杂的问题,但是如果能够让"修养的蜘蛛网"在大脑中延展,那么大脑一定会在某个瞬间迸发出一股电流,"切入点是什么?""以什么方式思考来解决这个问题?",答案就像忽然显现在眼前一般。

当然,这并不是说我们只能被动地等待偶然的瞬间。蜘蛛网上也有电源键。"好了,是时候按下这个键来找到答案了!"我一直在等待这样的时机。

据说,一流棋手在对战中经常会灵光一闪想出下一步棋。数学、物理学等领域的天才研究者据说也经常会在看到问题的瞬间就想到解题方法。

这是基于专家庞大的学习经验。在研究人的智慧、心理活动的认知科学中,有一个概念叫"知识组块"。无关领域,熟练者会将庞大的知识组块储存在大脑中,并可以根据需要瞬间获取,这也就是所谓电流在"蜘蛛网"上流动。

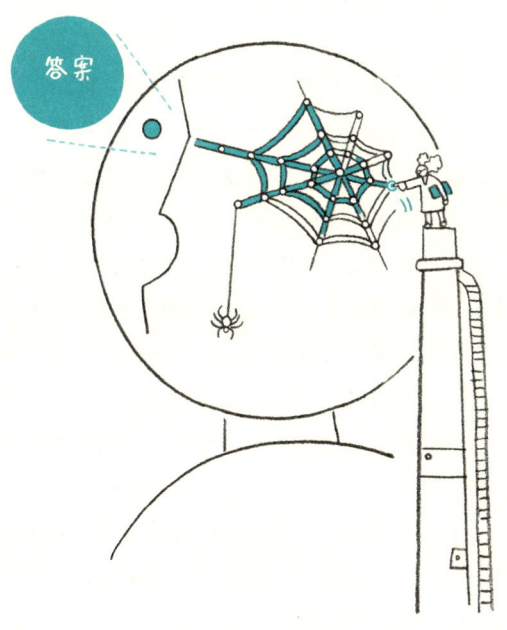

蜘蛛网上的电流流动

读书也是如此，积累了一定的有益经验的人，或多或少都经历过"蜘蛛网上的电流流动"吧。

作为工具的知识

最重要的是，不要盲目地积累知识，而是编织蜘蛛网——知识的网络。在必要的时候按下电源键，电流开始流动，知识的脉络就变得清晰起来。因此，我们要让这样的网络纵横交错、无尽地延展开来。

无论把多少知识装进大脑，如果没有相互连接、形成网络，就没有多大意义。认知科学表明，为了考试而记住的知识，考试结束后会遗忘90%左右。即便没有听过认知科学家得出的这个结论，各位也一定有切身的感受。这正是因为所学的内容没有作为有益的知识网络化。

20世纪，美国哲学家约翰·杜威提出"知识原本就是工具"。也就是说，在现实生活中，知识是用于解决问题、满足需求的。

不用过多解释，这也是理所当然的。但是，我们常常会产生一种错觉，认为知识越多越好。

为了考试而死记硬背教科书的人是很厉害的。但是如果不能将这些知识应用于考试之外的现实生活，那学习这些知识是为了什么？虽然背包里塞满了求生工具，但实际漂流到无人岛上时却因为无法熟练使用而不知所措，那背包里的求生工具就是无用的。

对大量有益的知识进行网络化的重点是，我们自身的兴趣和问题意识。

当然，应试也是获取知识的一个有力动机。但就像前文谈到的，这种做法是无法长久的。

想提升吉他弹奏水平的人，会听著名吉他手的演奏，或是反复看视频；也会看吉他杂志，或是喜欢的吉他手的文章吧。

大家会发现在这个过程中，自己不知不觉就积累了很多吉他和音乐的知识。更进一步，通过摇滚乐的历史也会了解美国的历史；为了能弹得更快、更准确，会获得人类身体构造的知识；因为对吉他热情高涨，会对木材知识有更多了解。这就是以对吉他和音乐的兴趣为核心，将各类知识网络化的过程。

"我终于知道要怎么学习了"（？）

像我这样的学者同样会以自己的兴趣，或是"无论如何也要解决的迫切问题"为核心，将知识网络化。

我个人是在"如何构想今后更加自由、幸福的人类社会？"这一问题意识的驱动下坚持哲学研究的。换句话说，就是以这一问题意识为核心，将各类知识网络化。

为此，不仅要学习哲学，还要学习历史学、经济学、人类学、社会学等各类学科。对于以问题意识为核心的学习（读书）而言，学科之间的壁垒并没有太大的关系。

关于这一点，我想讲一讲我的老师、哲学家竹田青嗣的逸事。

2017年，竹田老师在总览哲学2500年历史的基础上，出版了具有开拓性的巨著《欲望论》第1卷、第2卷。目前在筹备第3卷的同时，英译计划也在推进中。我认为，如果全世界的哲学家都来阅读这本书，就一定能理解这本书是将哲学推向顶峰的著作。

在很长一段时间里，哲学一直在探究"如何结束战争？""什么是好的社会？"等议题，并且从现实出发有力地构想人类社会（现代的民主主义社会也是哲学家的思想结晶）。但遗憾的是，哲学现在已经走向死亡。过度的专业分化，被声称"观点没有绝对的对与错"的相对主义所吞噬，丧失了对人和社会的未来进行强有力的构想的能力。

但如果你阅读这本书，就能充分理解哲学在开拓人类和社会的希望方面，仍具有极大的可能性。

这个暂且不论。竹田老师在写这本书的时候，曾对我说过这样的话：

"一德，我终于知道要怎么学习了。"

"什么？我正想吐槽一下……好吧老师，您说来听听。"

"哲学、经济学、社会学、人类学、历史学等等，总之全部都要读。"

"不对吧，您不是从年轻的时候就一直在这样做吗？如今到了70岁却说终于知道要怎么学习了，到底是怎么一回事……"

我虽然这样吐槽，但也再次忍不住感叹老师果然是个天才。无关年龄，绝不放弃学习。像婴儿一样，永远不会忘记学习的愉悦。

竹田老师门下有很多年轻的学哲学的弟子，他们都持有"必须解决的迫切问题"。但是靠哲学支持生活是极其困难的，年轻时的我也是如此，对未来抱有极大的不安。即便如此，还是有许多将研究哲学视作毕生使命的弟子，终日一起学习、切磋问题。

竹田老师要求弟子阅读大量的哲学书籍，做详细的读书笔记，并与他讨论。从古希腊哲学家柏拉图，到最先进的现代哲学，弟子们的日常就是将所有主要的哲学著作"统统吃下去"。

日复一日，弟子们会发现自己的大脑中不知不觉布满了"修养的蜘蛛网"，并以此为依托，确信自己一定能解开"必须解决的迫切问题"。

正如前文谈到的，无论是竹田老师，还是我们这些弟子，大多数人都持有"如何构想今后更加自由、幸福的人类社会？"的问题意识。

为此，不仅是哲学，其他所有的学科都必须学习。初次接触的领域并不容易理解，那么可以从阅读大量经典的入门书开始。接下来，从各个学科的古典名著，到现代公认的研究者的著作，都要尽心阅读。除此之外，还要经常参加经济学、社会学等其他领域的专家座谈会。

因此，竹田老师提出的"哲学、经济学、社会学、人类学、历史学等等，总之全部都要读"就成了弟子们公认的学习方法。

吓到弟子们的"尤里卡"[1]

---

1 相传古希腊哲学家、数学家、物理学家阿基米德在澡盆中突发灵感，找到了检验皇冠真伪的方法，兴奋地大声呼喊"尤里卡"（古希腊语"我发现了"），随后跑出了浴室。（译者注）

尽管如此,如今老师年过七十,却说"终于知道要怎么学习了",这到底又是什么高见呢?

我认为与其说他掌握了学习方法,不如说他迄今为止通过学习编织起来的大脑中的"修养的蜘蛛网"产生了强烈的电流。老师的意思应该是,他找到了一条路,可以将哲学推向顶峰,并且复兴在真正意义上对人和社会的未来有所帮助的哲学。

"尤里卡!(我发现了!)"

这样的电流一定在竹田老师的大脑中闪烁着光芒。

突破边界

从跨专业的角度来讲,和竹田老师熟识的社会学泰斗,我同样非常尊敬的见田宗介老师曾提出这样的观点:

> 近代的知识体系专业分化严重,到处都立着"禁止入内"的告示牌。"这不是××学的课题。如果想做的话,去别的地方吧。""不是××学的专家就不要乱说话。"所到之处都立着各个学科的"禁止入内"告示牌。但是,如果止步于此,现代社会的重大问题就无法得到解决。为此,对于个人或是人类而言真正重要

的问题,那些迫切寻求着现实问题的答案的人,不得不突破边界。

(引自《社会学入门——人与社会的未来》第8页)

不得不突破边界。说得太好了。

在狭窄的专业领域中,一味地深入钻研,当然也很了不起。但我认为,如果持续下去,总有一天会达到极限。

因为这就像在树的枝头上,布满像茧一样细密精巧的蜘蛛网。

靠近那张网的昆虫(知识)可能确实会被捕获。但是蜘蛛网的四周其实已经聚集了很多各式各样的昆虫(知识)。如果可能的话,我认为也应该将这些昆虫(知识)一网打尽。这样一来,我们大脑中的蜘蛛网上一定会产生更强大的电流。

2010年,如今成为业内传说的研讨会"轴的时代Ⅰ/轴的时代Ⅱ 如何构想未来"在东京大学召开。我的老师竹田青嗣发表了演讲,当时还是研究生的我也参加了这场研讨会。

当时发表主题演讲的是见田宗介老师。会场内几乎水泄不通,我记得很多教室都在做现场直播。

这是一场极具冲击性的演讲。主题演讲原定为1小时，但是30分钟过去了，40分钟过去了，见田老师完全没有要收尾的意思。虽然工作人员用会场后方的屏幕不断提示"请结束演讲"，但是见田老师完全不在意，仍滔滔不绝地继续演讲。"没错，这个话题也很有意思。"而且他还在不断开启新的话题。

结果，因准备好的讲稿还没讲到一半，演讲延长了很长时间。

不过我认为，在场的大多数人对于这场超长版演讲都会感到非常欣喜。见田老师的发言在不断展开，就像在向我们展示他大脑中的"蜘蛛网"。

这位大学者原来拥有这样一个知识和思考的宇宙啊。当时的我仿佛被邀请进入了他的宇宙，非常激动。

说到社会学家，我想聊一聊一位长期与我一起参加研讨会的著名社会学家的趣闻。

这位社会学家的学识可以说不亚于见田老师。对读过的书他能做到过目不忘，记忆力惊人。他参加那种阅读并讨论大量课题文献的研究会时，即使不翻开书，也能针对其中的内容和文章高谈阔论。更厉害的是，参会者提出的和书本有关的任何问题，他都能对答如流。据我所知，他利用口述写作的时候，会把一本书的内容完整地讲出来，像是"……这里逗号……

逗号……句号"，所以执笔者基本上只用记录就可以了。

前面提到的趣闻，我和朋友们觉得又惊讶又好笑。这是在一次研讨会上，一位参会者因为急事而不得不中途离席过程中发生的趣事。

这位参会者需要从位于东京都内的研讨会会场赶往神奈川县的某个车站。那位社会学者毫不犹豫地对他说：

"要去那个车站的话，从这里坐〇〇线到□□站，然后换乘△△线坐到××站，然后再换乘◎◎线坐到■■站，然后……"

有几位参会者不禁相视而笑。这位老师不仅精通各门学科，连首都圈的路线图都记在脑子里了！

听了竹田老师、见田老师，以及拥有超强记忆力的这位老师的趣闻，你也许会被自己与他们之间的差距打败，反而失去学习（读书）的兴趣，觉得自己无论如何也做不到。

不过，请不要沮丧，把这本书读到最后。在我看来，任何人都有可能拥有"修养的蜘蛛网"或是变成"谷歌地图"。并不是每个人都必须成为天才学者，重要的是，你必须拥有一张指引自己人生的地图。这样的地图无论是谁都可以通过阅读获得。为此，本书会为大家介绍有效的读书方法。

当然，如果读者中有人想成为竹田老师或是见田老师那样的天才学者，那么本书一定对你大有裨益，因为竹田老师和见田老师归根结底也只是遵循了本书所写的学习（读书）方法。欧几里得（约公元前3世纪）曾说"几何学没有捷径"，同样，做学问、读书也是没有捷径（简单而特别的方法）的。相反，脚踏实地、愉快地践行本书介绍的读书方法，相信每个人都能成为"谷歌地图"。

读书也是一种"经验"

读到这里，也许有人会提出这样的观点。

我知道读书能让我们变成"谷歌地图"。话虽如此，但无论怎么读书，终究都敌不过"丰富的经验"，不是吗？很多人只读书而没有实际经验。

你说得没错。我们正是从个人经验中学习到很多事物。"很多人只读书而没有实际经验"这句话足以让一部分爱书之人受到打击。

前文提到的约翰·杜威有一句名言："一盎司的经验胜过一吨理论。"学习游泳一定要跳进水里才行，只阅读游泳的理论书是不可能学会的。

但另一方面，我也必须告诉各位，读书也是一种"经验"，并且在扩展我们的直接经验这一层面上，读书可以说是极其丰富的经验。

因为能使我们直接获得经验的事物只是极少数。我们的经验和思维或多或少都受到国家、地域和所处环境的限制。即便是在世界各地飞来飞去的人，也不可能通晓所有事物。

但是，如果我们愿意的话，可以通过阅读来拓展直接经验的世界。

只阅读游泳的理论书，确实不能学会游泳。但是如果我们想游得更快更好的话，阅读相关理论书籍的经验肯定是一种扩展直接经验的"丰富经验"。

关于直接经验还有一点需要注意。

丰富的直接经验确实是任何事物都无法替代的。但正是这种经验有时会让我们的视野变得狭隘。

如果各位加入了运动社团，社团顾问或是教练说："我就是用这种训练方法，在年轻时获得了地区比赛的冠军。所以我希望大家都按照这个方法多加练习。"你觉得如何？

当然，这个训练方法可能有效，但或许只是碰巧适合那位老师而已，对现在的中学生或高中生也许并不适用。更何况，对那位老师来说可能也有更好的训练方法。

我把这种思考方式称为"一般化陷阱"。这是将个人经验过度一般化的思维陷阱，仿佛我们的个人经验适用于所有人。

这种一般化陷阱在我们的日常生活中随处可见。像"学校的老师都是○○""所以男生（女生）都是□□""日本人是△△"等说法，虽然语境不同，但都是陷入一般化陷阱的说法。因为那是将自己迄今为止遇到的所有的老师、男性（女性）、日本人的印象过度一般化了，好像对所有老师、男性（女性）、日本人都适用一样。

读书的作用就是拓宽这样的视野。至少，通过了解更多超越个人经验的外部世界，我们能够避免轻易的一般化。前文提到的社团教练，如果多读几本有关运动指导的最新研究的书，或许就能够避免将个人经验过度一般化了。

当然，因为读书而头脑膨胀，进而陷入一般化陷阱的现象同样存在。

这可能是因为阅读量和深度还不够。

通过读书，知识变得丰富了，不知不觉中，我们就会摆出一副知识渊博的样子，和人高谈阔论起来。但实际上，那些知识是极其碎片化、表面化的。在阅读的过程中，我们有必要审视自己是否将那些碎片化的知识一般化。

古希腊哲学家苏格拉底有一句名言——"无知之知"。

苏格拉底的朋友中有一个叫凯勒丰的青年。一次，他来到位于圣域德尔斐的阿波罗神庙，请教"有

注意"一般化陷阱"

没有比苏格拉底更伟大的智者?"。

接受神谕的巫女这样回答:

"没有比苏格拉底更伟大的智者。"

苏格拉底听了大吃一惊:"不,那是不可能的。"他决定去拜访全国各地的智者,与他们对话。

但在这个过程中,他注意到每一位智者都装作自己无所不知。实际上他们对"什么是道德?""什么是正义?"等本质问题都一无所知。更令人震惊的是,他们甚至没有意识到自己的无知。"在这个层面上,我至少自知自己的无知。"这便是苏格拉底的思考。

读书确实会让我们变成"谷歌地图",让"修养的蜘蛛网"在大脑中不断延展。

但是,随着读书经验的积累,无论是否情愿,我们都会意识到这个世界上还有太多未知的事物。

我们应该保持"无知之知"的谦逊之心。正如苏格拉底所言,这才是成为"智者"的必要条件。

积累语言,相互沟通

我经常对刚入学的大一新生讲这番话。

到高中时代为止,只要说"糟了""超厉害"之类的话,朋友之间就能沟通了。但是,升入大学、走入社会后,这样说话就行不通了。

在这个社会中,与自己处于不同时代,拥有不同文化、价值观和感受力的人千千万万。进入社会后,大多数人会直面与各种各样的人沟通的场景。

也就是说,我们不能只说"糟了""超厉害",而是有必要用语言表达事情为什么糟了,为什么觉得超厉害。

不,其实从中小学时期这就很重要。

我想很多人都有过这样的经历,有话想说却无法顺畅地表达出来,因而感到焦躁。

与人发生纠纷或是争吵时,这会带来很严重的后果。如果竭尽语言来沟通,或许可以互相理解、找到妥协点，但是因为找不到"语言"，就会变得烦躁不安，不知不觉诉诸暴力或脱口而出的谩骂。小孩子之所以脾气暴躁，很多时候是因为无法用语言表达自己的焦躁。

相反，如果我们拥有丰富的语言，那么与不同的人建立深度了解的关系的可能性就会大大提高。

为此，我们有必要积累语言。为了能够把自己的想法和感情用最准确的语言表达出来，我们需要掌握大量的语言。

要做到这一点，最有效的方法还是读书。

与为了考试而一张一张背诵单词卡片不同，读书的益处在于我们可以在语境中学习语言。原来如此，处于这样的语境中想要做这样的表达时，用这个词就可以了。我们可以通过读书自然地学习到这些。

语言是一种不可思议的东西，当你积累了足够多的语言，甚至达到"溢出来"的程度时，它就会自然而然地"流淌"出来，或是不断输出成文章。

我见过很多这样的例子，很多不善言辞的大学生，通过持续阅读，在一两年后变得非常擅长使用语言。

当然，很多人有口吃、读写障碍等语言方面的问题，所以这个方法也不能过度一般化（这也是一般化陷阱）。但是，如果找到适合的方法积累语言的话，我想"语言溢出"的体验一定会在很多人身上出现。

顺便一提,我从小就被一种叫作"肠易激综合征"的神经官能症所折磨,在众人面前讲话尤其困难。

病如其名,我的肠道异常敏感,只要感到些许不安或紧张,就会肚子痛、腹泻。青春期时一天要跑厕所20次以上。乘电车、公交车和飞机要下必死的决心。

现在,我每个月都要做好几次演讲,也会上电视和广播,但实际上在正式开始前,我总会因为腹泻被困在厕所里(虽然状况比以前好多了)。尽管如此,如今我比较擅长在众人面前说话,都要得益于大量语言的积累,可以准确地表达自己的想法,无论什么样的提问都能大致回答上来,毕竟积累了这么多语言,同时也积累了这么多思考。我想,正是因为有了这样的自信和安全感,才能够享受在众人面前说话的乐趣吧。

这些暂且不论。我希望更多的年轻人能够做到积累语言、相互沟通。

再重申一遍,那一定会是一段特别的经历,你看世界的方式会完全改变。

上网不能代替读书吗?

不过,无论是积累语言还是扩展"修养的蜘蛛网",在这个时代都不用特意去读书吧?大量的语言和信息在网络上随处可见,所以没必要执着于读书吧?

也许有人会这样质疑。

当然,我也认为根据时间和场合,有时从网络获取知识和信息就足够了。特别是想快速获取精准的、碎片化的知识和信息时,利用网络是最便捷的。

但是,书籍与网络上的信息、报道其实有着本质的区别。

首先,很多网络上的文章都没有经过充分验证,而书籍则经过了编辑和校对人员的严格审核。

编辑是作者可靠的伙伴。为了让作者想写的内容能够更充分地传达给读者,要运用怎样的文字和框架,怎样才能让内容更深刻,编辑会和作者一起思考,并提出好的建议。

在这个过程中,编辑有时也会和作者产生激烈的碰撞。因为初衷都是打造一本好书,所以在这一点上,编辑不会对作者表现出忖度和妥协。一本书往往诞生于作者和编辑的"战争"。

关于这一点,我有很多难忘的记忆。

那是在我不到30岁、初出茅庐时期发生的事，那时我的文章终于开始在几本杂志上连载了。

当时负责我的编辑也是刚踏入社会一年的新人。

一次，在写每月的连载文章时，我和编辑因为意见不合而发生了激烈的冲突。我们互不让步，紧张的气氛持续了一段时间。

那时，我刚好有幸和长期以来关照我的已故文艺评论家、时任早稻田大学教授的加藤典洋先生，以及参加课堂讨论的学生们一起去居酒屋喝酒。

在闲聊中，我跟加藤教授提到我和编辑就稿件发生了争执。我辩解道："关于这一点只能这样写啊。"

加藤教授把手中的酒杯轻轻地放在桌子上，突然厉声说道：

"一德，不要轻视写作！"

在场的所有人都大吃一惊。向来温和的加藤教授为什么会勃然大怒？

加藤教授继续说道：

"每个读者都有五分灵魂。编辑更是如此，在审读文章的工作中倾注了灵魂。因此要敞开心扉，常常倾听各界的声音。不能说'只能这样写'之类的话。要敞开自己，不怕打击，一遍又一遍地改写，这才是写作。"

加藤教授生前说过很多令我受益终身的"名言"，其中这段"名言"尤其令我难以忘怀。

大概在一年之后，我应一位编辑的邀约，写一本面向初高中生的书，并最终由日本评论社以书名《我们为什么要学习？》出版。

在那之前，我执笔的都是学术性论文或书籍。写给普通读者，而且是初高中生，还是第一次。

过程真的很辛苦。在某种意义上，那才是与责任编辑的"战争"。那位编辑当时也才20多岁，比我要年轻，可以说是干劲满满。"应该写得更通俗一些""应该写得更有趣一些"，这是编辑饱含期待的鞭策和激励，我敞开心扉，把所有的褒贬都吞进了肚子里。

书籍是经过一番斗争才完成的

结果那本书的原稿,我整整重写了三遍。你没看错,就是从头到尾,全部重写了三遍。

"不要轻视写作!要敞开自己,不怕打击,一遍又一遍地改写,这才是写作。"加藤教授的这番话至今仍回荡在我的脑海中。

那本书仍有很多读者在阅读,对我来说也是非常重要、难忘的作品。我认为这都要归功于加藤教授的斥责和编辑的"炮火"。

从那以后,无论什么题材的作品,我都会抱着重写三遍的觉悟投入写作。什么才是"把真正想传达的东西,以真正能够传达的方式写出来"?我和编辑一直在探讨这个问题。

顺便一提,在我即将30岁时,我开始执笔第一部作品《什么才是"好"的教育?》(讲谈社)。

是那本书的编辑发现了当时毫无名气的我。

他是讲谈社的名编辑,后来又陆续出版了我的其他几部作品。他的博学程度不亚于学者。"一德君真是没什么学问啊。""啊?你不懂法语吗?"我常常被这样挖苦,被当成傻瓜。你会觉得被人这样贬低,反倒会发奋成长吧。

的确如此。

前文也说过,靠哲学支持生活是极其困难的,当时的我刚结婚生子,在大学里只是任期内的助手,不知道将来会怎样，常常陷入不安之中。

在这样的情况下，挖掘我的编辑对我来说既是伯乐，也是再生父母。像这样发现新作者，并加以锻炼培养也是名编辑的工作吧。

在制作书籍的过程中，除了编辑，校对也是极其重要的存在。

所谓校对，不只是检查错字漏字、遣词造句的错误，还要查验内容的真实性。

比方说，原稿中出现西历、地名等，校对者一定会检查其准确与否。如果引用了文献，还会核对引用的页码、内容是否正确。

在一部作品中，我对某本哲学书的某章节进行了概括，校对者甚至检查了我的概括方式是否正确。"什么？也就是说你特意阅读了整个章节？"当时我真的很吃惊，因为那是一本很难读懂的哲学书。

遗憾的是，由于近来出版业不景气，有些出版社没有余力去一一确认这些细节。与未经任何审核的网络报道相比，水平相差无几的书籍也是存在的。但是，一本书往往倾注了很多人的热情和知识，希望大家能明白这一点。当然，最终责任在于作者，这是不言而喻的。

掌握结构

书籍和网络报道还有一个更重要的区别。

如前文所述,想要快速获取碎片化的知识和信息时,网络的确是最便捷的。但是,这些知识大多是片断性的,我们很难由此掌握包括背景在内的知识的结构。

这里所说的结构,首先可以理解为前文所述的"修养的蜘蛛网"。

例如,17世纪的法国哲学家,被誉为近代哲学之父的笛卡儿(René Descartes,1596—1650)有一句名言:"我思故我在。"初高中读者中应该有人听过这句名言。

但是,在大多数情况下,人们只是知道这句话。这正是碎片化的知识。这句话表达了什么意思?笛卡儿为什么会说这样的话?它的时代背景是怎样的?它对后世产生了怎样的影响?为什么这句话至今仍然非常重要?要想回答这些问题,就必须展开"修养的蜘蛛网"。

为此,就不能只阅读获取碎片化知识的网络报道,而要大量阅读"长篇"书籍。光靠网络上的文章也有可能获得"修养的蜘蛛网",但还是阅读书籍更有效。

除此之外,前文提到的结构,亦指整本书的结构。

以哲学书为例，我会告诉学生们在阅读哲学书时，要时刻注意以下三点。

1. 这本书（作者）的问题是什么？
2. 利用什么方法来解决这个问题？
3. 答案是什么？

特别是深奥的哲学书，很容易让读者迷失其中。很多时候，读者抓取片断性的语言，根据自己的认知水平进行解释。

因此，一定要牢记以上三点。因为在哲学类书籍中，无论明示还是暗示，一定存在问题、方法和答案，最重要的是抓住它们，也就是掌握书籍的结构。

像这样，不仅能掌握结构的阅读经验，还能培养结构性思考和表达能力。

所谓结构性思考，简单来讲，就是能够有逻辑地思考和表达。

话虽如此，但这并不意味着只是罗列"若 A = B、B = C，则 A = C"这种形式上的逻辑。也不是说要练就讲大道理驳倒对方，或者吹毛求疵的能力。

而是，当我们想要表达的时候，能够以更广阔的视野思考：以什么作为依据，以怎样的顺序，使用怎样的语言能最有效地表达。

包括小说在内，多读书就能掌握作者是通过怎样的结构来有效地表达自己的想法。"原来如此，用这样的导入方式就可以引起读者的兴趣""这里稍做停顿，让读者做好迎接高潮部分的心理准备""这里还可以这样表述"等，作者是如何进行思考的，是如何表达的，就会变得显而易见。

持续这样的阅读，不知不觉中，这种结构性的思考就会"安装"在我们的大脑中，继而成为我们沟通、书写、表达时强有力的工具。

以公民身份阅读

埃马纽埃尔·托德（Emmanuel Todd，1951— ）是我尊崇的历史学家，他提出了"以公民身份阅读"。我认为这是一个很重要的观点，所以接下来想谈一谈。

"公民"并不是指"住在○○市的○○公民"，而是指在我们生活的公民社会中，作为社会组成的公民。"公民社会"一词有很多含义，这里与"民主主义社会"的意思大致相同，也就是说，社会不是由国王统治，而是公民把彼此看作平等自由的存在，共同创造的社会。

"以公民身份阅读"是指作为公民社会、民主主义社会的中坚力量，为了积累"修养"而阅读。

通过阅读认识世界和社会

民主主义非常脆弱，一不小心就会崩溃。有些掌权者想剥夺公民的自由，为所欲为。或者，如果贫富差距扩大，公民之间的"平等感"就会削弱，这样一来，民主主义就会从根本上腐烂。

因此，我们应该监督掌权者，有必要了解和思考为防止贫富差距扩大而出台的政策。托德提出的"以公民身份阅读"是指，作为公民社会、民主主义社会的中坚力量，让每个人更深入地思考这个社会而进行的阅读。

话虽如此，我想肯定有不少人对社会问题没有兴趣，也没有时间思考。坦白地说，我在中学时期，也会把全部精力放在自己的事情上，对社会问题几乎不感兴趣。

但是在公民社会中，还是需要思想成熟的公民，他们会积极思考"如何让这个社会变得更美好？"。

回想一下，各位在用零花钱或是打工收入买东西的时候会缴消费税吧。

如果打工收入超过一定数额，就必须缴纳所得税或是住民税。这些税金会用在什么地方，如何使用？分配是否合理？各位不想进一步了解吗？

归根结底，我们的人生际遇很大程度上取决于生活在怎样的社会之中。了解社会、共同创造更美好的事物，会让我们的人生更加丰富多彩。

因此，希望各位践行"以公民身份阅读"，思考你想让这个社会变成什么样。到了18岁，各位会获得选举权（有些读者已经获得了选举权）。那时，希望你能活用"以公民身份阅读"所积累的经验，大力行使这一权利。

当然，作为公民，除了投票以外，还有很多"共同创造社会"的方法。例如，为修改、废除不合理的校规而发声，或是把年轻人的心声通过签名传达给政治家。"熊本市立高等学校改革检讨委员会"是教育委员会设立的机构，我曾被任命为委员长。当时竟然有2名高中生、1名专科学校的学生作为委员参加了机构。高中生参与自治团体的学校改革机构，这很了不起。

我认为成年人应该让年轻人有更多机会参与社会议题。这样一来，年轻人"以公民身份阅读"的动机一定会更加强烈。

本章总结
◆ 阅读可以让我们变成"谷歌地图"。
◆ 通过积累阅读经验，可以获得"蜘蛛网上的电流流动"。
◆ 通过积累语言，能与异己者达成共通的理解。
◆ 通过阅读可以锻炼结构性思考。

第2章

读书的方法

从"撒网捕鱼法"
到"一本钓捕鱼法"

第2章我想谈一谈读书的方法。我们要怎样才能变成"谷歌地图"?我将汲取先人的智慧和个人经验,以及最新的认知科学、被认为是其从属领域的学习科学的知识,将具体的读书方法传授给各位。

当然,这世上没有唯一、绝对正确的读书方法。因此接下来介绍的方法,希望各位在参考的基础上,根据自己的情况不断改良。一开始可以模仿,但随着经验的积累,一定要摸索出更适合自己的读书方法和做笔记的方法。

能让我们变成"谷歌地图"的读书方法是——"从撒网捕鱼法到一本钓捕鱼法[2]"。没错,这是我常常向学生们传授的。

所谓"撒网捕鱼法",顾名思义,就是把符合兴趣的渔网尽情地撒出去,只要有"鱼"上钩,就随手把它拉上来。

非虚构类书籍中比较适合各位阅读的是筑摩新书、岩波新书、讲谈社现代新书等系列图书。还有面向初高中生的筑摩 Primer 新书和岩波 Junior 新书,

---

2 指仅用单根钓竿、单个钓钩的钓鱼方法。

以及本书所属的"筑摩Q Books"系列丛书。希望初高中读者一定要阅读这些书。

"新书"大多是某个领域的专家为普通读者撰写的比较通俗易懂的书籍，涉及历史、哲学、文学、自然科学、社会科学等众多学科中的某一主题，或是能让你了解该学科的全貌。还有很多新书会涉及环境问题、贫富差距等现代社会的前沿问题。另外还有关于运动、音乐等丰富兴趣爱好的书籍。

首先，一定要去书店或是图书馆的"新书"区，浏览一下书架。然后，用手摸着书脊一本一本地查看。"这本看起来很有趣"，这样一来，一定会找到你感兴趣的书籍。

习惯这样做之后，只要浏览书架，书籍就会主动向你打招呼。"这里有你想看的书"，你能听到从书架上传来的呼唤，或者看到某本书在闪闪发光。

购买或是借阅会让你产生这样感知的书籍吧。你可以一次买很多书，在桌子上堆好几本，也可以每读完一本再购买或借阅下一本书。

不过，如果桌子上堆了好几本书，读书变成了囤书（大量的书没有读，只是放在那里），或是产生了想要尽快读下一本书的想法，而忽视了目前正在读的书，那么我认为，在积累经验的同时，还应该找到与适合自己的书相处的方式。如果觉得"这本书对我来说太难了"，或是"太无聊了"，中途放弃也没关系。说不定哪天还会再次遇见这本书,只是现在没有缘分。

如果不从能顺畅阅读的书开始,可能无论如何都无法坚持下去。感觉只读懂五成到七成的书,在使用"撒网捕鱼法"的阶段就不用读了,因为即使好不容易读完了,也只是单纯地追求字面意思,大脑中几乎什么都没有留下。

用"撒网捕鱼法"读书

话虽如此,在这个世界上,有些书籍即使晦涩难懂也值得一读。并且,也有适合挑战书籍的时期。特别是青春期,那是一个没有设限、尽情成长的时期。如果各位毫无缘由地想读柏拉图、经济学之父亚当·斯密、日本民俗学创始人柳田国男、大文豪三岛由纪夫等人的著作，请毫不犹豫地拿起来阅读。即使没能全部读完，或是目前仍是一知半解，但只要能获得"这里可能存在一个惊人的世界"的感触，我认为就已经很有意义了。正所谓"读书百遍，其义自见"，在不断挑战的过程中，也许你就会逐渐理解其中的意思。

正如前文谈到的，我们看到的只是世界极少的几个侧面。现在的自己虽然看不通透，但知道有这样一个世界存在，并且也许有一天会触手可及，这个想法一定会丰富我们的人生。不只是单纯地活着，而是带着憧憬生活。特别是在年轻的时候，希望大家能够尽情体验这种生活方式。

尝试举办读书会

独自进行"撒网捕鱼法"可能会遇到不知道要读什么书、烦恼该怎么阅读等停滞不前的状况。

这种时候，我推荐召集朋友举办读书会。大家读完一本书后聚在一起，交流感想和意见，介绍自己喜欢的书。一个人读书很有趣，几位好友相互"刺激"也不错。

挑战学术类书籍时，举办读书会就更有意义了。朋友之中有人对所涉及的领域稍有了解的话就更好了，此外也可以邀请学校的老师加入。

有种说法叫"听学问",意思是用耳朵听,然后学习、记忆。对于学术性书籍的阅读,采用"听学问"的方法特别有效。即便是独自阅读很难理解的内容,在和朋友们互相交流、阅读的过程中,有时也会豁然开朗。

我也会定期举办读书会(研讨会)。挑战新的学术领域、独自阅读时感到困难、书籍太厚重、内容无聊的时候,我就会向朋友发出邀请。

一般来说,我会在全员事先阅读的基础上确定负责人,或者分工协作,根据读书笔记进行陈述——将书籍的内容简明扼要地总结、发表出来(下一章会介绍做读书笔记的方法)。如果是长篇或晦涩的书籍,可以划分章节开读书会。在此基础上,大家互相讨论,对书的内容进行更深层次的理解,或者进行批判性阅读。

在举办读书会的过程中,大家会自然而然地发现接下来要读的书,也会经常互相介绍。如此一来,书籍就会投入"兴趣的网"之中。

寻求"图书老师"的帮助

使用"撒网捕鱼法"的时候,建议你去寻求"图书老师"的帮助。

持有教师资格证、图书管理员资格证,在图书室工作的老师称作司书教谕,没有教师资格证的学校图书馆管理员称作学校司书,他们都是值得信赖的"图书老师"。

然而,遗憾的是目前还有不少学校没有专职的司书。在这种情况下,就要寻求町[3]图书馆司书的帮助,就是借书时遇到的在柜台办理业务的职员。

无论是町图书馆的司书,还是司书教谕、学校司书,都是拥有大量书籍知识的专业人士。无论是去书店还是图书馆都找不到自己感兴趣的书籍的时候,一定要咨询一下他们。"我最近读了这本书,觉得非常有趣,还有其他类似的书吗?"无论什么类型的书,"图书老师"都会滔滔不绝地为你介绍,一定会让你大吃一惊。

"前几天我在报纸上看到一本关于〇〇的书,但是不记得书名,这里有吗?"像这类咨询司书也可以回答。福井县[4]立图书馆的网站上有一个栏目叫作"记错书名集",记载了很多司书找出咨询者记忆模糊的书籍的趣闻。例如,曾经有这样一个咨询,"书名是一个男孩的名字,'××的卡班'",正确答案是《哈利·波特与阿兹卡班的囚徒》。或是咨询哈利·波特写的兔子的书,正确答案是《彼得兔的故事》。

当然,即便是"图书老师"也不可能读过图书馆

---

3 日本行政区划名称,大约相当于中国的镇或街道。
4 日本行政区划名称,级别大约相当于中国的省。

里所有的书。但是,各类书籍的咨询、找书的方法已经像"蜘蛛网"一样遍布在他们的大脑中。因此,在接受咨询的同时,蜘蛛网上的电流开始流动——这个孩子一定对这本书感兴趣,由此就可以找到适合咨询者的书籍。

图书馆司书的"蜘蛛网上的电流流动"

在大学图书馆担任司书的入矢玲子在《专业司书的检索术》一书中写道:"当有人咨询时,我的大脑中各类零散的信息会集结在一起,接着就会灵光一闪:'他说的应该是那本书!'。"这正是"蜘蛛网上的电流流动"。

我认为，很多日本人都不了解司书这个可靠的存在（虽然不能过度一般化）。大概很多人对司书的印象只是整理或借出书籍的人吧。

　　《专业司书的检索术》一书中也提到，在欧美，很多人都非常信赖图书馆工作人员的专业能力。英国图书馆信息专家协会在2018年进行的"哪些专家可以提供可靠的信息？"的调查中，图书馆工作人员的票数超过了律师，排名第4位！

　　如果对图书有疑问，就向司书寻求帮助吧。希望各位牢记这一点。如果可以的话，从小学时期就应该认识到这一点。

知识像滚雪球一样增长

　　像这样，利用"撒网捕鱼法"读了10本、20本、30本书后，某一刻就会产生"我想多了解这个领域""我想读这个作者的其他作品"这样的想法。因为织田信长的书很有趣，所以想多读一些战国武将的传记；对恐龙产生了兴趣，所以想读关于恐龙的最新研究的书；我想读推理小说家阿加莎·克里斯蒂的所有作品；等等。

　　这种情况下，一定要尝试一下"一本钓捕鱼法"——持续阅读自己感兴趣的主题或作者的书。读了10本、20本之后，应该就能成为那个领域的"人门级专家"了。

那时，司书当然是强有力的伙伴，不过熟悉之后，就能靠自己的力量顺藤摸瓜找到更多的书。以书中介绍的其他书籍或参考文献中的书籍为线索，自然而然就能找到接下来要读的书。图书馆会根据图书分类法编排书架，所以逛图书馆也是一种方法。

亚马逊等购书网站会根据你此前的购买和浏览记录为你推荐书籍，这在使用"一本钓捕鱼法"时也很方便。不过有人会质疑，这样一来与书的巧妙机缘（偶然的邂逅）会消失吧。但算法的建议也可以算是一种机缘巧合。当然，如果你觉得这种建议失之偏颇或无趣，可以有意识地增加去图书馆或书店的次数。就像我刚才所说的，习惯之后书就会从书架上被召唤出来。

首先要反复使用"从撒网捕鱼法到一本钓捕鱼法"。持续几个月之后，你会明显感觉到自己的阅读速度和能力像滚雪球一样迅速提升。一方面是因为习惯了阅读；另一方面是因为背景知识变得丰富了，阅读过程中遇到的难点逐渐减少，可以更加流畅地阅读，同时将知识不断储存在大脑中。

人会以已有知识为线索进行下一步学习，这是认知科学的基本理念。"滚雪球式"的说法一点也不夸张。了解的事物越多，知识就越会像倍数游戏一样增长。

没有养成阅读习惯的人,可以从每月读2～3本书开始。渐渐地,每周阅读1～2本,习惯之后,也许能够做到每天阅读1本书。这样一来,你一定会迅速变成"谷歌地图"。

速读的问题

但是,我必须补充一点,我不太推荐所谓的速读。当然,一旦培养了阅读习惯,就能以相当快的速度阅读。自然地提升阅读速度本身是没有问题的,可以说是一件好事。另外根据不同需求,也有只获取必要信息的读书方法。

但所谓速读,是一种无论如何都要跳过部分内容的读书方法——捕捉几个令人印象深刻的词语,推论出词语之间的内容。

但这样一来,推论就有可能出现错误。如果不擅长速读的话,甚至会有错误阅读的风险。更进一步,这是一种将书的内容强行塞进自己的思考之中的读书方法。因此,有可能会抹杀新的发现或反思的机会。

作家平野启一郎也在《读书的方法——慢速阅读的实践》中写道,如果持续进行速读的话,"越读越会重复自己偏颇的看法,不仅不能拓宽视野,反而会偏向狭隘的思考"。

没想到平野还写了这样一段话，我不由得会心一笑。

那些炫耀自己一个月读了100本书、1000本书的人，和在拉面馆大胃王比赛中获胜而骄傲自满的人别无二致。速读家的知识只是脂肪，那是毫无用处、只是徒劳地使大脑迟钝的赘肉，绝不是组成身体或肌肉的知识。与此相比，能把喜欢的菜品的味道用丰富的语言描述出来的人才会被尊称为美食家吧。

确实有些读书方法可以使我们快速获取信息，但我希望各位一定要珍惜细细品味一本书的经验。

我平时读的哲学书正是适合这样熟读玩味的书。这种通过阅读结识终生挚友的喜悦是无可替代的。前文介绍过的柏拉图、笛卡儿，或是构建近代民主主义源头的让-雅克·卢梭，以及打开现代哲学之门的弗里德里希·尼采，对我来说都是想用一生的时间去畅谈的挚友。

与文学相遇

话虽如此，但想成为"谷歌地图"，实现"蜘蛛网上的电流流动"，就必须有一定的阅读量，这也是事实。我认为过分的速读是有害的，但适当地多读是有益的。

我从小就喜欢阅读,但有意识地多读书是在大学时代。

契机其实就是前文提到的平野启一郎先生。

平野先生在京都大学就读期间凭借小说《日蚀》在文坛出道。在那之后,他成为最年轻的芥川奖[5]得主。当时读大学一年级的我,抱着"还有这么厉害的人啊"的想法,无意中拿起了获奖作品《日蚀》。我被前所未见的难懂文字所震撼,随后便沉迷于优美的文体,并最终被作者用想象力创造的世界吸纳、融化,一时间无法从书的世界中脱身。

"语言是一门艺术"的道理,我是从平野先生的作品中顿悟的。用语言描绘世间万物,平野启一郎先生就是这样的作家。那就是"世界的全部",包括正在通过艺术家之手创造的、无人知晓的世界。

受到如此冲击的我,开始阅读对平野先生的采访等各类文章。在此过程中,也是理所当然地,我了解到平野先生之所以拥有如此惊人的文字水准,完全是基于大量的阅读。

说来惭愧,其实我小时候曾立志成为漫画家,但初高中时期写过很多小说。"平野冲击"唤醒了"我想成为小说家"的强烈欲望。

在那之后,我写了很多小说。当然,也读了很多

---

5 为纪念日本作家芥川龙之介设立的文学奖,旨在鼓励纯文学新人作家。此处"最年轻的芥川奖得主"说法并不准确。

文学作品。岩波文库中有一个被称为"红带"的外国文学系列,我大概都读过。

接着我受到了莎士比亚和歌德的冲击。

当时,我患有严重的躁郁症,在我处于狂躁状态时,我遇到了莎士比亚,而在我处于抑郁状态时,我遇到了歌德。

在极度亢奋的状态下,我邂逅了莎士比亚的《罗密欧与朱丽叶》,变成了一个无法自拔的浪漫主义者,我会毫不犹豫地爱上别人。另一方面,在因抑郁而痛苦,每天都想死的那段日子里,我会随身携带一本歌德的《少年维特之烦恼》,并经常会流着泪翻看。

从那以后,我大概坚持写了8年小说,结果梦想还没有发芽就受挫了。但是后来,就像用挫折换来的一样,我遇到了哲学,这对我的人生来说是最值得庆幸的事情之一。

让阅读变成一种习惯

前文介绍的哲学家竹田青嗣的作品《人类自由的条件——黑格尔与后现代思想》真正改变了我的人生。关于这段往事,我在《从小就是哲学家》这本书中详细讲述过,所以不再重复了。之所以能与这本书相遇,也多亏了我从十几岁开始就坚持"从撒网捕鱼法到一本钓捕鱼法"。

从与平野启一郎"相识"的大学一年级开始，大约6年的时间里，我过着每天必读一本书的生活。当然，如果遇到"今天的阅读时间好像只有30分钟"的状况，我就会拿起特意准备的"小册子"来自圆其说，所以有时手段和目的已然颠倒了。我的目的应该是阅读大量的书籍，并将其吸收到体内，但不知不觉间变成了每天读一本书，我忽略了充分吸收"养分"。平野先生谈到的"速读家的知识只是脂肪"这句话让我感到非常羞愧。

按照"每天读一本书"来计算，如今我大概也读了相当的量，不，恐怕会更多。但我在25岁的时候就放弃了"每天读一本书"这种无聊的执着。重要的应该是，仔细品味好书，并将其真正转化为自己的东西。

但是，我会建议大学生每周读1~2本书，最好每天读一本书，这样大学4年间就一定能成为"谷歌地图"。当然，数字不是最重要的。首先，我希望各位养成阅读的习惯。

这样的阅读量，只要有意识地坚持一段时间，就会在不知不觉中养成阅读的习惯。就像我们无法不吃饭、不呼吸一样，不读书的生活也会变得无法想象。

这样一来，成为"谷歌地图"就水到渠成了。如果各位能参考下一章介绍的做读书笔记的方法，就能更有效地实现"蜘蛛网上的电流流动"。

"信念强化型阅读"与"信念验证型阅读"

在本章的最后,我想谈一谈"信念强化型阅读"与"信念验证型阅读"。

这是我的老师竹田青嗣提出的概念,我铭记于心。

"信念强化型阅读",顾名思义,就是顺应个人信念去阅读,无视理念不合的部分,只摄取能强化个人信念的数据和他人的意见,心理学上称之为"确证偏见"。

"日本人真厉害!"这样想的人,只会听取顺应这个信念的数据和意见。反之亦然,"日本是糟糕的国家!"持有这样主张的人,很有可能只看到能够强化这种信念的数据和意见。这很危险。

如果没有意识到这一点,我们每个人都会陷入这样的偏见。特别是在社交网络发达的今天,人们往往会将意见不同的人"隔离",只让想法相近的人聚在一起,从而强化彼此的信念。这就是所谓的"回声室效应"。我认为有必要充分意识到这一点,并且一定要加以注意。

与之相对的是**"信念验证型阅读"**,即一边严格地验证个人信念和想法是否正确、妥当,一边阅读的态度。即使出现理念不合的数据和意见,也会先接受,然后再重新思考。

这比想象中更困难。各种研究都表明,甚至像我们这样的学者,不,正因为是学者,才更容易拘泥于个人信念。特别是在政治信仰方面,知识分子往往很执着,一旦涉及政治话题,往往无法做出理性的判断。

心理学家史蒂芬·平克(Steven Pinker, 1954—)认为,为了避免"确证偏见",最重要的是"数",也就是看数据(《21世纪的启蒙(下)》第21章)。但实际上,我们也只会看顺应个人信念的数据,或者根据自己的情况来加以解释。

举个例子,相对而言,日本儿童的自我肯定感较低——对自己不太自信、不满意。

各类国际调查都反映出这一点。例如,在2018年的《关于我国和其他国家年轻人的意识调查》(内阁府)中,就有如下报告:"日本的年轻人与其他国家的年轻人相比,对自己感到满意、认为自己有长处的比例最低。另外,认为自己有长处的比例比2013年的调查有所下降。"以教育机构为代表,这是日本社会长期以来存在的一个问题。

但是,关于如何解读这些数据,持不同观点的论

以"信念验证型阅读"为目标

者有时会做出截然相反的解读。

对于想强调日本教育问题的论者，这个数据将成为批判学校的有力工具。实际上，它也是这样被使用的——用于批判学校、考试的竞争主义倾向、严格的校规等等。

另一方面，也有论者认为这对日本的教育来说是积极的数据。日本人（的孩子）很谦虚，有过分贬低自己的倾向。但正因为如此，才会认识到自己的不足，从而增强了学习意识。日本儿童的学习能力在国际上是位居前列的，这或许是原因之一。

不过，根据心理学家阿尔伯特·班杜拉（Albert Bandura，1925—2021）的著名研究，人的自我效能感越强，就越容易达成自己想做的事情。根据这一研究来看，"因为日本儿童的自我肯定（效能）感低，所以才更愿意去学习"这种解释的正确性有待验证。

总而言之，观点不同的论者面对同样的数据可能会做出截然相反的解释。

欲望—兴趣相关性原理

关于采集数据和对结果进行解释，我们应该采取怎样的态度？

我的思考如下。

哲学通过漫长的历史阐明了这一点：这个世界上没有绝对正确的真理和解释，它们总带有我们的欲望（想要这样，希望那样）和兴趣的色彩。

如果欲望和兴趣不同，面对同样的数据和事实也会有不同的看法。竹田青嗣将这个现象称为"欲望—兴趣相关性原理"。

我认识的一位心理咨询师在一次演讲中说过这样一段有趣的话：

"大家看到向日葵会有怎样的印象？是明朗、有活力的印象吗？但是如果大家受到过使用向日葵的特殊虐待会怎么样？向日葵可能是恐怖的象征吧？"

客观事实及其解释根本不存在。就连对向日葵的看法，也会根据每个人的欲望和兴趣而有所不同。

这样一来，我们就不会说"这才是客观的数据""这是正确的解释"，而是说"我是出于这样的欲望和兴趣才采集了这样的数据""我是出于这样的欲望和兴趣才会这样解释数据"。这样的说法才是表达个人主张时最诚实的态度。

我们可以这样表达："我很关心日本学校管理体制差的问题。基于这一关注点，我认为日本儿童的自我效能感低这一数据，恰恰反映了学校管理体制的问题。""我很关心日本儿童在世界范围内的学习能力水平。基于这一关注点，我认为儿童的自我效能感低，反而与学习欲望的提升有关。"

敢于明确表达自己的欲望和兴趣，我们就能打开与持不同看法的人对话的可能性。很多人做不到这一点，是因为他们拒绝承认自己的观点是从欲望和兴趣出发的。

这种对话的可能性，进一步打开了"让持有不同解释和想法的人达成共识"的可能性。"原来如此，从你的兴趣点来看，你的解释确实是合理的。""从其他角度来看，这种不同的解释也可以成立。"像这样就能够为了获得双方的认同而不断进行对话，就不会出现"你的解释太不像话了""你的解释才是错误的"这样无休止的争论了。更进一步，或许还能找到双方都认同的更具建设性的解释。

这也适用于阅读方法。

的确，作者有自己想表达的东西。因此，过于偏离文本的阅读方法确实是"误读"。

但另一方面，对一本书绝对正确的解释是不存在的。

我们可以根据自己的兴趣，超越作者的意图，以对自己更有益的方式阅读。当然，绝不能变成"信念强化型阅读"。但是，我们也能够获取超越作者表达意图的东西，甚至作者都没有留意到的东西。这是具有建设性的阅读方法。

例如，我经常将2500年哲学史上如璀璨星辰般的哲学家的思想，用于解决各种现代问题。我从200多年前的卢梭和黑格尔的哲学中找到了解决世界性贫富差距问题的线索。

但是，无论是卢梭还是黑格尔所处的时代，经济都没有像当下这样具有全球性的规模。因此，世界性贫富差距问题在当时根本就没有作为问题存在。尽管如此，如果我们能够从他们的哲学中发现解决现代问题的强有力的思考方式，那么可以说这正是连作者都没有意识到的具有建设性的阅读方法。

在专门研究卢梭和黑格尔的学者看来，这可能是错误的阅读方法或过度解读。但是，就像我在前文谈到的那样，对一本书没有绝对正确的解释（虽然有明显的误读），都是源自欲望和兴趣。从解决全球化资本主义问题的欲望和兴趣来看，我们可以在卢梭和黑格尔的思想中找到可能性。如果持有同样的欲望和兴趣，这一解释一定能得到更多人的认同。

本章总结
- ◆ 变成"谷歌地图"的基础是"从撒网捕鱼法到一本钓捕鱼法"
- ◆ 尝试举办读书会
- ◆ 向司书寻求帮助
- ◆ 像赖以生存的吃饭和呼吸一样，养成阅读的习惯

- 摒弃"信念强化型阅读",选择"信念验证型阅读"
- 认识"欲望—兴趣相关性",进行更具建设性的阅读

第3章

做读书笔记的方法

根据整本书的内容做读书笔记

在本章中,我将向各位介绍在阅读的同时做有效的读书笔记的方法。

书这种东西,读了也会忘记大半。这是无可奈何的事,为此叹息也没有用。不如这样想,重要的不是一字一句记住书的内容,而是弄懂一本书写了什么,抓住精髓,并储存在大脑的网络中。如此一来,就可以在需要的时候将这本书"取出来",确认其中的内容。

做读书笔记是实现这一目的最初级也是最好的方法。通过做读书笔记,可以将书的精华刻在脑海中。想确认内容时,不用特意去找书,只要重新看一遍读书笔记就可以了。

我把自己的读书笔记保存在多个硬盘上。此外,还利用多宝箱(Dropbox)等多种在线存储服务上传到云端,外出时也可以用笔记本电脑、平板电脑、智能手机等随时阅读。也就是说,读书笔记是通过读书积累的"修养"的外部记忆。

我手边有数千本书的读书笔记,如果没有这些笔记,我就无法进行研究和写作。对我来说,这些笔记是名副其实的财富,一定要非常谨慎,绝不能让数据丢失。

接下来介绍的做读书笔记的方法也和前一章一样，希望各位在参考的同时，最终能找到属于自己的方法。关于做读书笔记，我在漫长的阅读生涯中也反复出现了很多错误。虽然现在还在迭代更新，但我想先把在某种程度上确立的方法传授给各位。

基本的方法是根据整本书的内容做读书笔记。

把印象深刻的内容摘抄在笔记本或卡片上也可以，但说到底，那不过是在收集知识的碎片。为了把握书的全貌，最好的方法是根据整本书的内容做读书笔记。

当然，也有不值得这样做笔记的书籍。把感兴趣的内容摘抄下来，或者用手机记录下来就可以了。但是，如果你认为这本书值得做完整的读书笔记，一定不要嫌麻烦，认真地写一写。

我在反复试错后得出的方法是，以引用为主，并为引用的内容加上索引。想要确认书的内容时，只要重读索引就能了解全貌，也就是让书的架构浮现出来。意识到这一点，就能像第1章谈到的那样，更好地掌握书的结构。

引用部分的页码一定要注明，因为在写论文的时候是必须注明的。各位可能还没有写论文的机会，但我认为可以从现在开始养成习惯，想确认内容时也很方便。

引用的部分中，特别重要的内容要用"亮色突出显示功能"标出。写感想的时候，要在引用的内容后加上"→"，感想的部分用下划线做标记。

参加读书会（研究会）时，我和朋友们经常随身携带读书笔记，但做笔记的方法真的是因人而异的。

无论别人的笔记做得多么好，我每次都会想，别人做的笔记我不太会用。如果不自己阅读，不按照自己的方式做笔记，书中的内容就无法成为自己的东西。所以希望各位一定要尝试各种做读书笔记的方法，找到自己的风格。

读完整本书后再做读书笔记

对我来说，如果是哲学书，平均每本要写3万~5万字的读书笔记。如果是厚重的书，有时会接近10万字，已经相当于一本新书的字数了。（我）的确做了大量的笔记，但这也是没办法的事。

当然，一般的文库本和新书我也可能只写几千字的笔记。各位可以根据兴趣选择做简洁的还是复杂的笔记。

一般来说，我并不是一边做读书笔记一边阅读，而是先一口气读完——虽然我认为一边画线一边阅读比较好，但要在反复试错中找到合适的画线方法。

我会用橙色的荧光笔，一边读一边圈出想引用的内容。我试过各种颜色的荧光笔，不知道为什么还是觉得橙色最适合我。

特别重要的地方，在空白处用"★"做标记。对作者的主张感到疑惑的时候，用"？"做标记。当然，我是一边虚心地理解作者的主张一边阅读的。

也许可以用不同颜色的荧光笔区分出"特别重要的部分""重要的部分""需要确认的部分"，但我没有这样做。因为想跟上书的节奏，所以不想因为改变笔的颜色、考虑分门别类而掉队。

我不怎么用便利贴，因为大多数情况下会将便利贴弄得到处都是。可以选择用荧光笔圈起来，做"★"标记，如果想进一步强调某个地方的重要性时，可以把书页的边缘折起来。因为弯曲的形状，这样的折角在英语中被称为"狗耳朵"。

这样读完整本书之后，就可以开始做笔记了。就像前文谈到的，根据书籍的不同种类，需要选择做复杂的还是简洁的笔记，或者不做笔记只留下简单的感想。

在很长一段时间内，我都是通过打字来做读书笔记的，但现在基本上是将书扫描成PDF格式。阅读的时候如果使用了荧光笔，有时会扫描不出笔的痕迹。

普通家用带扫描仪的打印机就足够了。虽然也可以用手机拍摄，再用App制作成PDF格式，但我没有试过这种方法。扫描后的PDF可以通过OCR处理变成可以粘贴到Word等文件中的文本数据,这样就可以在Word中做读书笔记了。

论爱情

第1章 关于爱情

我力求透彻地理解这样一种激情,其每一真实的发展阶段都具有美的特征。

爱情共有四种类型。

一、激情之爱。如葡萄牙修女的恋爱、爱洛伊斯对阿贝拉尔的爱、琴托的骑兵维塞尔上尉的爱。

二、趣味之爱。1760年前后在巴黎风行的爱。当时的回忆录和小说,如克雷比荣、洛增、杜克洛、马蒙太尔、尚福、艾尔奈夫人等人的作品中,可以见到这种爱。

这是一幅连阴影都染上玫瑰色的画作。任何令人生厌的东西,即有可能违反惯例、礼仪和风雅等虚伪的东西,在画中都没有位置。出身好的男人对恋爱的各种场面应该采取的态度早已了然于心。这样的爱情由于没有激情和意料之外的东西,由于总是情趣横溢,所以比真正的爱情具有更多的韵味。这是一幅漂亮、冷峻的细密画,堪比卡拉奇的作品。激情之爱会违背我们的兴趣,使我们失去自制力,而趣味之爱总是恪守那些兴趣。当然,倘若你从这种贫乏的爱情中除去虚荣心,趣味之爱剩下的东西就不多了。如同一个可怜的、步履艰难的虚弱病人。

以做读书笔记为前提的读书方法的实例

> 感到惊讶或有趣的地方,用双叹号做标记

在狩猎时发现一个逃进森林、美丽而纯真的农家姑娘。大家都熟悉这种以欢娱为基础的爱。无论你怎样冷漠、潦倒,到了16岁都会从这样的恋爱开始。

四、虚荣之爱

大多数男人,特别是法国男人,希望拥有一个为上流社会欢迎的妻子,作为一个青年人必不可少的奢侈品,就像拥有一匹漂亮的马一样。虚荣心或多或少被激发起来,导致热情的产生。这里有时会出现肉体之爱,但不一定总会有,甚至常常没有肉体的因素。

肖纳公爵夫人说过,一个公爵夫人在一个小市民眼中绝不会超过30岁。住过公正的荷兰国王路易的宫廷的人,至今还会愉快地想起那位海牙美人,抵挡不住一个恰好是公爵或亲王的诱惑。但是,她忠于君主制的戒规,亲王一到宫廷,她就会把公爵弃之不顾。她就像外交使团显示资历的勋章。

> 洞察!! 这样标记出值得关注的"观察的敏锐度"。另外,空白处可以随意写下感想

[摘自司汤达著,大冈升平译,《论爱情》(新潮文库,2005年)]

69　　第3章　做读书笔记的方法

(作者名) (译书名) (书名) (出版社名) (发行年份)
司汤达著,大冈升平译,《论爱情》,新潮社,2005年
(卷数)
第1卷
(章节编号和章标题)
第1章 关于爱情

→ 书籍信息

恋爱的四种类型=激情之爱、趣味之爱、肉体之爱、虚荣之爱 ← 自己加标题

引用的内容要加引号

爱情共有四种类型。

章节的内容用亮色突出显示。

一、激情之爱。(10) (中略)

二、趣味之爱。(10) ← 引用部分的页码

"激情之爱会违背我们的兴趣,使我们失去自制力,而趣味之爱总是恪守那些兴趣。当然,倘若你从这种贫乏的爱情中除去虚荣心,(10) 趣味之爱剩下的东西就不多了。"(10-11) 翻页时将此前的页数填入相应部分

"三、肉体之爱。(中略)

在狩猎时发现一个逃进森林、美丽而纯真的农家姑娘。大家都熟悉这种以欢娱为基础的爱。无论你怎样冷漠、潦倒,到了16岁都会从这样的恋爱开始。(11)

→!!! ← 除了引用内容,想写的笔记

四、虚荣之爱。"(11)

"这里有时会出现肉体之爱,但不一定总会有,甚至常常没有肉体的因素。"(11)

→洞察!

第2章 关于爱情的发生

爱情的发生过程=①惊叹 ②梦想 ③希望 ④爱情降临 ⑤第一次结晶开始 ⑥怀疑产生了 ⑦第二次结晶作用

一、惊叹。

二、"亲吻那个人,被那个人亲吻,会有怎样美妙的感觉",进行诸如此类的自问。

三、希望。

基于阅读P68、P69做读书笔记的实例

也许有人会认为扫描是歪门邪道，但这样做的话，书的内容会意外地更易记牢。把引用的内容打出来的话，常常只是机械地敲击键盘把文章抄写下来。但如果是扫描的话，在粘贴到Word里的时候，你一定会重读确认（OCR有很多读取错误），这个过程中你至少会把荧光笔圈起来的部分读两遍。

顺便一提，我举办了一个在线沙龙，叫"苫野一德在线研讨会"。会员网页上刊登了许多哲学、教育学、社会学、经济学、历史学、人类学等著作的解说。因为涉及著作权的问题，从原著中引用的内容必须削减到最少。我是在做好的读书笔记的基础上写的解说，最终我把读书笔记整整重读了三遍，因此很多内容就深深地刻在了脑海中。

话虽如此，就像前文谈到的那样，无论是读书还是做读书笔记，都不要刻意去记忆内容。当然，有时也会有意识地想记下来，但长此以往就会感到疲惫，所以我反而会抱着"忘了也无所谓"的心态。

这就是我做读书笔记的原因，为了把记忆保存在外部存储器中。即便如此，一旦做了读书笔记，就会把书的内容刻在记忆的最深处，必要时也可以从外部存储器中提取记忆。

灵活使用电子书和阅读器

如果想看的书有电子书版本,现在我基本上会购买电子书。它不仅有丰富的亮色突出显示功能和笔记功能,而且和PDF的OCR处理功能类似,数据化时几乎不会出错,所以它是做读书笔记的利器。

但是,大部分学术书籍都没有制作电子书,在这种情况下,我通常会"自己动手",用索尼电子书阅读器来阅读。所谓"自己动手",是指将书籍裁切后,用馈纸式扫描仪(ScanSnap)读取并制作成PDF。

如前文所说,做读书笔记时使用扫描仪比用键盘打字更快、更轻松,也更便于记忆。不过,碰到哲学书,有时几乎每一页都要扫描,操作确实有些烦琐。

这种情况下,"自己动手"非常方便。整本书只需几分钟就能扫描完毕,同时还会进行OCR处理,如此一来做笔记就十分轻松了。(不过,请注意PDF化的文件超出私人用途、与他人共享是违法的。)

怎么可能做到"裁书"!岂有此理!我想一定会有人这么想。我也是从小就被父母教导要爱惜书籍,所以一开始非常抵触。

我出版过的书中,有很多是由著名装帧师设计的。正如我在第1章中谈到的,一本书融入了很多人的心血。因此,即便我经常裁切书籍,但对很多书还是下不了手。

但我现在不像以前那么抵触了。可能是因为习惯了，而另一个重要原因是我开始使用索尼电子书阅读器。总的来说，它的机身非常轻薄，屏幕不刺眼，阅读PDF时能够呈现出纸一样的质感，还可以用附带的电子笔书写、标出重点。读完整本书之后，把亮色突出显示的部分粘贴到Word中便可以做读书笔记。如果判断是不需要做笔记的书籍，也可以只在亮色突出显示内容的旁边写索引或随笔。

电子书阅读器可以存入几十本书的PDF文件，在长期出差的情况下使用也非常方便。由于和阅读纸质书的体验感相似，所以即使裁切了书籍，也不会有太大的罪恶感，因为总觉得自己已经把整本书复制到了电子书阅读器中（虽然可能并不是整本书）。

遗憾的是，索尼电子书阅读器于2021年停产。不过，电子书和平板电脑还有很多其他选择，期待今后会推出各种改良版本。

像我这样的学者，总是为如何处理大量藏书而烦恼。因为大学的研究室和家里的书架都放不下了。但是自从接触了电子书阅读器，我就可以毫不犹豫地"自己动手"了，书架也变得整洁了许多。

也许有人会提出，没有装订的书不能算是书，但仔细想想，装订的历史也并不悠久。古埃及用纸莎草制作卷轴，即使后来出现了纸，以卷轴为主流的时代也存续了相当长的一段时间。这样看来,用平板电脑阅读PDF版的书籍也不能算是歪门邪道吧。

习惯是一件很可怕的事,当你习惯看电子书或使用阅读器之后,你会发现这样的阅读方式和阅读纸质书没有太大区别。说起来,以前写书和论文的原稿时,如果不打印出来在纸上重读修改的话就会感到不适,但不知不觉这种习惯也消失了。另外,日语书籍大多是竖写,但我写书的原稿时是横写。刚开始我总觉得别扭,就像很多小说家一样坚持在电脑上竖写,但不知不觉横写也变得自然了。

只有小说,我到现在还是喜欢读纸质书。因为我想通过手的触感感受到"故事马上就要结束了"。身体的感觉越强烈,就越能沉浸在书的世界里。

无论是电子书阅读器,还是亚马逊kindle等电子书的终端都相当昂贵。所以对于初高中生的各位来说可能很难承受,但如果能够负担的话也推荐尝试。当然,也可以用手机阅读,但注意不要因为长时间看手机而患上"手机眼病"。

本章总结
- ◆ 根据整本书的内容做读书笔记
- ◆ 做读书笔记要能够看出书的结构
- ◆ 电子书和平板电脑对做读书笔记很有帮助

后记

人们常说年轻人不读书,但我认为一味地感叹没有任何作用,更重要的是思考怎样才能让年轻人成为同我们一道的读书人。

我很重视这个问题——绝不能把年轻人当傻瓜。更准确地说,是信任他们的成长和成长的愿望。

年轻人都有这样那样的成长愿望。因为顾虑到周遭的人,所以常常犹豫要不要分享出来,但其实年轻人都希望能更好地成长。

那么,我想说服各位,读书是强有力地实现这种成长愿望的事物之一。是的,和年轻人来往时,我总是秉持这个信念。

在本书中,我向各位介绍了变成"谷歌地图",以及实现"蜘蛛网上的电流流动"的读书方法。如果能燃起各位的成长愿望,我会感到非常欣慰。

这次作为新系列"筑摩Q Books"第一辑的作者之一,我感到非常荣幸。是筑摩书房的吉泽麻衣子女士向我发出了邀请。这是继《第一次哲学思考》之后的第二次合作。

很久以前,我就想写一本关于读书方法的书,能如愿以偿,我感到很欣喜,也很感激。

正如书中所写的，一本书不仅包含了作者的想法，还融入了编辑的许多思考。和前作一样，对我们二人而言，这本书一定会成为非常重要的作品。

小开本 CNπST Q
轻松读轻文库

产品经理：邵嘉瑜
视觉统筹：马仕睿 @typo_d
印制统筹：赵路江
美术编辑：程　阁
版权统筹：李晓苏
营销统筹：好同学

豆瓣 / 微博 / 小红书 / 公众号
搜索「轻读文库」

mail@qingduwenku.com